Petra Pietsch

Pascale Seyler

Liebe Leserin, lieber Leser!

Manchmal muss es einfach etwas ganz Besonderes sein! Eine Ballnacht, eine Hochzeit oder andere nicht ganz alltägliche Anlässe: Hier darf es nicht nur, hier muss es spektakulär funkeln und strahlen!
In diesem Band präsentieren wir Ihnen atemberaubende Schmuckstücke, die Ihnen einen glanzvollen Auftritt garantieren. Glamouröse Colliers, Armbänder, Fingerringe oder Ohrhänger aus Swarovski-Perlen, Cabochon- oder Strass-Steinen, die mit Swarovski-Perlen gefasst werden, Kristallschliffanhängern, Wachsperlen und weiteren edlen Perlen zeigen die ganze Vielfalt an Gestaltungsmöglichkeiten von Perlenschmuck auf.
Farbige Zeichnungen erklären dabei Schritt für Schritt die spannenden Fädeltechniken, so dass Ihnen Ihr außergewöhnliches Schmuckstück mit Sicherheit gelingt.

Viel Spaß beim Fädeln mit wunderschönen Perlen
wünschen Ihnen

Petra Pietsch   Pascale Seyler

Nathalie Seyler

Inhaltsverzeichnis

Perlonfaden
Nylondraad
Nylon thread
Fil perlon
Filo in Perlon
100 m 2,7 kg
0,25 mm Ø
89-003-00
Rayher
HOBBYKUNST
www.rayher-hobby.de

Material, Tipps und Fachbegriffe

Grundmaterial

- *Perlonfaden, Ø 0,25 mm, oder Schmuckdraht*
- *Quetschperlen zum Festsetzen der Perlen oder als Abstandshalter*
- *Ringel zum Zusammenfügen von verschiedenen Elementen*
- *Quetschkalotten zum Einhängen von Verbindungselementen wie Ringeln oder Schließen*
- *Flachzange, Rundzange*
- *Schmuckkleber zum Verkleben der geknoteten Fadenenden*
- *Schmuckschließen*
- *ggf. Ohrhaken*

Fädel- und Abschlusstechniken

Vernähen
Hierbei werden die Fadenenden durch verschiedene Perlen gefädelt. Es verhindert das Herausrutschen des Fadens und erhöht teilweise die Stabilität. Dabei darauf achten, dass die Fäden nicht seitlich an einem Schmuckstück erscheinen.

Verknoten
Nach dem Vernähen die Fadenenden zu einem Doppelknoten schlingen. Auf diesen einen Tropfen Schmuck-Kleber geben und nochmals eine Schlinge in den Kleber legen. Dabei darauf achten, dass der Knoten unsichtbar ist. Den Kleber gut trocknen lassen, die Fäden nochmals durch die Perlen ziehen und dann abschneiden. Somit hat man die Gewissheit, dass sich der Knoten nicht mehr öffnet.

Kreuzen
Den linken Faden von links nach rechts, den rechten Faden von rechts nach links durch die Öffnung der Perle fädeln, sodass sich die Fäden in der Perle kreuzen. Beide Fadenenden auseinander ziehen. Das Kreuzen ist mit das Wichtigste bei der Herstellung der Schmuckstücke, da sie durch diese Technik ihre Stabilität und Form erhalten.

Grundaufbau Collier

Grundprinzip für den Collieraufbau:
Einen Faden nehmen, eine Perle auffädeln, in die Mitte schieben, einen Ringel einhängen, je auf den linken und rechten Faden eine weitere Perle auziehen und durch eine 4. Perle kreuzen. Danach nach dem gleichen Prinzip beidseitig fortführen. Dabei können unterschiedliche Perlen und auch mehrere Perlen bis zur nächsten Kreuzung zum Einsatz kommen, da ein Collier eine Krümmung braucht, um am Hals anliegen zu können. Die Ketten auf Seite 6 und 20 werden mit 3 Fäden gearbeitet, die an Anfang und Ende mit Quetschperle und Quetschkalotte gesichert werden.

Grundaufbau Cabochon-Umhüllung

1

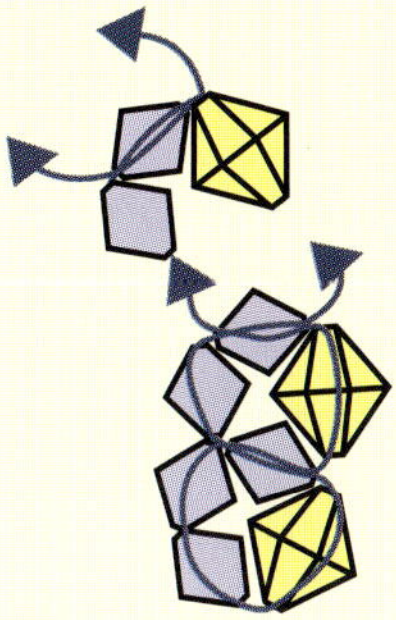

Schritt so oft wiederholen, bis der Cabochon umperlt ist.

2

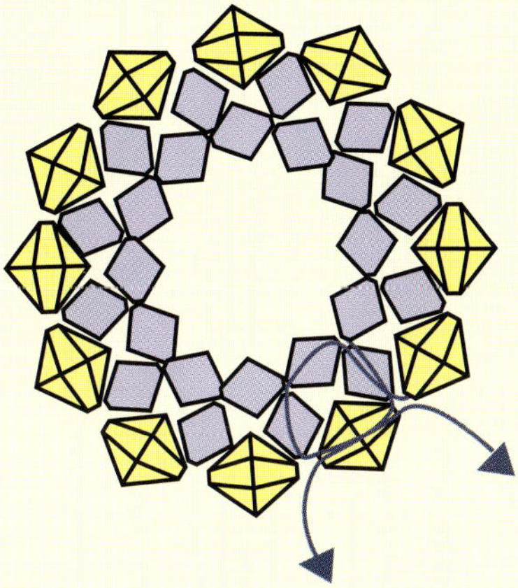

Alternative: Abbildung komplett aus 4-mm-Swarovski-Perlen herstellen. Dabei die 6-mm-Perlen durch je zwei 4-mm-Perlen ersetzen und die Fäden durch je beide führen.

3

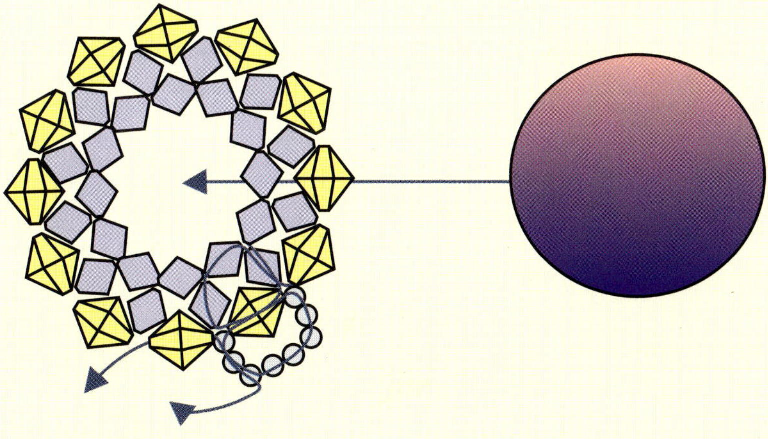

Zur Fortsetzung der Runde jeweils 5 Rocailles aufziehen, mit dem 2. Faden durch 3 Rocailles kreuzen und den 1. Faden durch die folgende Swarovski-Perle führen. Hierdurch entsteht eine Krümmung, die einen Halt für den Cabachonstein bildet. Kurz bevor die Runde geschlossen wird, den Cabochon-Stein einfügen und durch die ersten 3 Rocailles (Abb. 3) kreuzen. Vernähen und verknoten.

Set in Gelb-Orange

Ohrringe

Collier

1

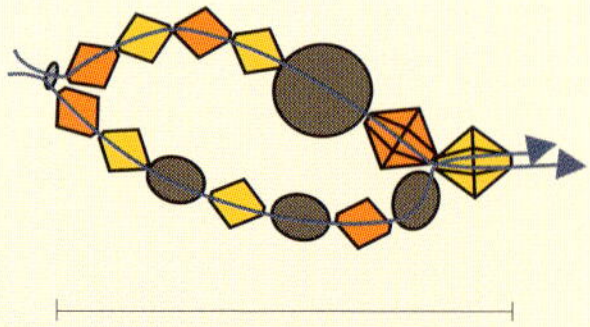

2

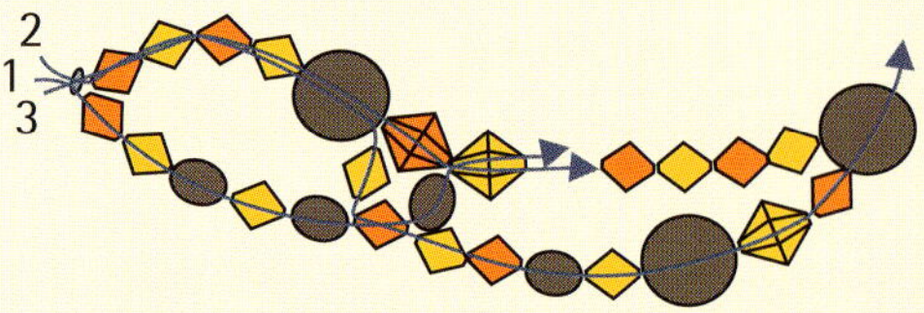

Den 3. Faden durch die ersten 5 Perlen des 2. Fadens führen, eine 4-mm-Perle in Helltopas aufziehen, durch die 6. Perle des 1. Fadens gehen. Ab hier wie zu sehen weiter aufreihen und durch die zweite 8-mm-Perle des Fadens Nummer 2 führen. Diesen Vorgang 12x wiederholen.

Material

- *Grundmaterial (s. Seite 4)*
- *2 Swarovski-Kristallschliffperlen, 4 mm, in Helltopaz*
- *8 Swarovski-Kristallschliffperlen, 6 mm, in Helltopaz*
- *14 Swarovski-Kristallschliffperlen, 4 mm, in Karminrot*
- *6 Swarovski-Kristallschliffperlen, 6 mm, in Karminrot*
- *8 Renaissance-Glaswachsperlen, 4 mm, in Nougat*
- *4 Renaissance-Glaswachsperlen, 6 mm, in Nougat*

Collier in Gelb-Violett

Collier

❶

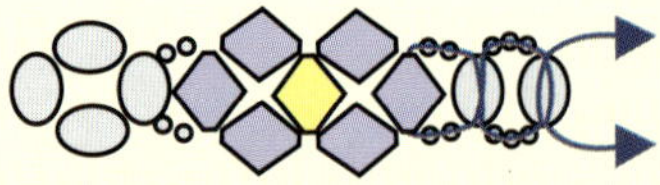

❷

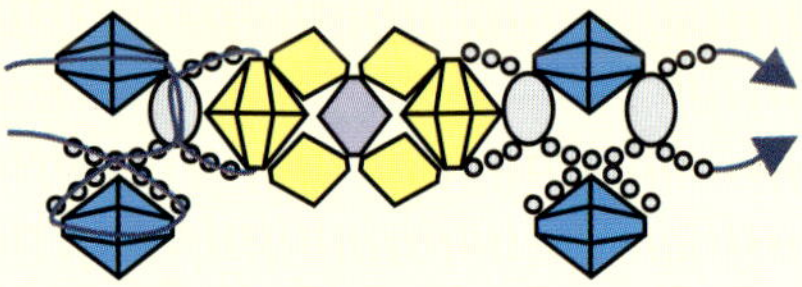

❸

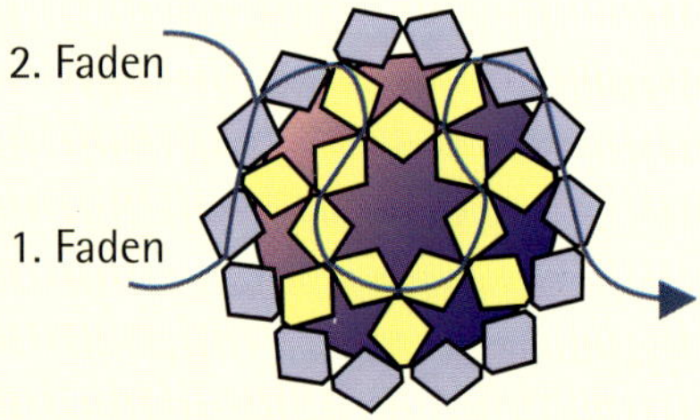

Den 2. Faden gegengleich durch die Perlen führen und am Ende durch die gleichen 2 Perlen kreuzen. Im äußeren Kreis liegen nun oben 4 Perlen und unten 6 Perlen, dazwischen jeweils links und rechts die beiden durchkreuzten Perlenpaare.

❹

❺

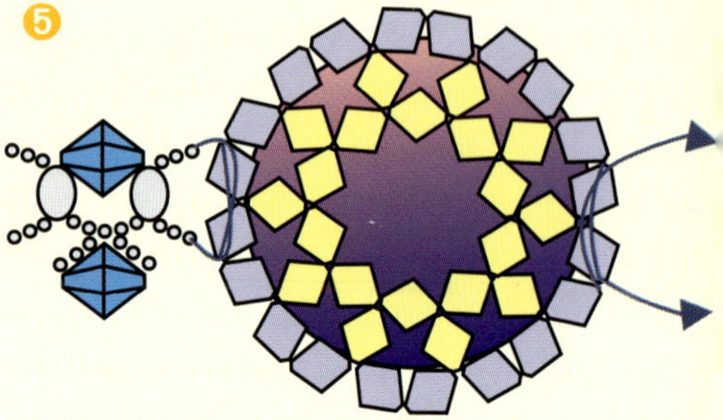

Fäden wie bei Abb. 3 durchführen. Es bleiben hier oben und unten 8 violette Perlen involviert.

❻

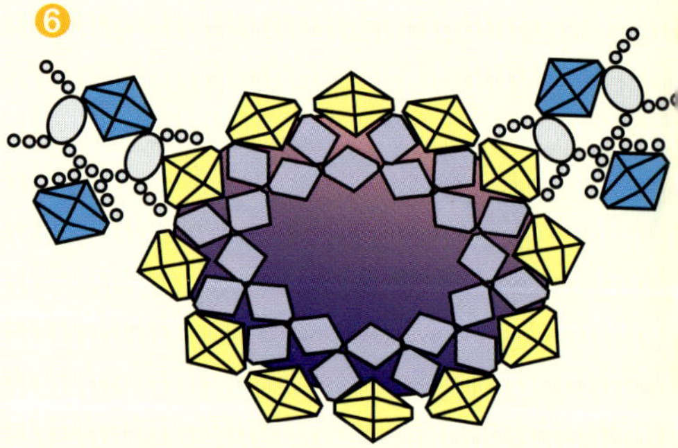

Collier ab dem ovalen Mittelelement gegengleich zu Ende arbeiten.

Material

- Grundmaterial (s. Seite 4)
- 2 aufnähbare Strasssteine in Mondstein
- 5 Cabochon-Steine in Mondstein
- Rocailles, 2 mm, in Silber
- 20 Swarovski-Kristallschliffperlen, 6 mm, in Azurblau
- 32 Swarovski-Kristallschliffperlen, 6 mm, in Hellgelb
- 70 Swarovski-Kristallschliffperlen, 4 mm, in Hellgelb
- 12 Swarovski-Kristallschliffperlen, 4 mm, in Violett

Set in Rot

Collier

1
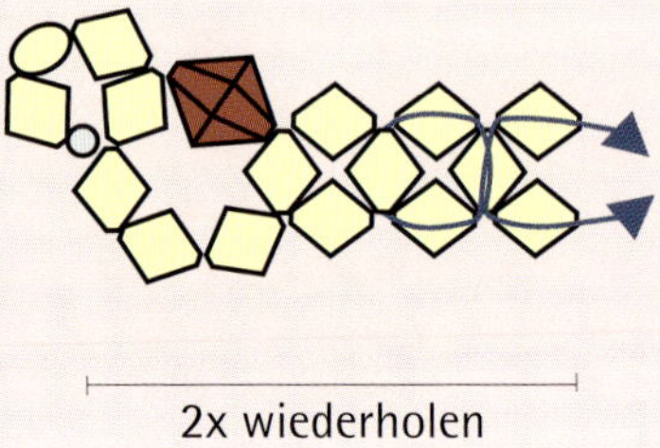

2
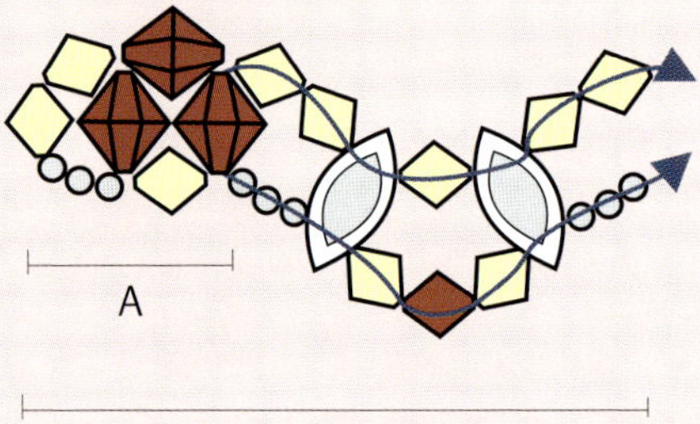

Schritte 11x wiederholen, mit den Schritten A und Abb. 1 zu Ende arbeiten.

3

Auf einen 2. Faden Rocailles und je 2 4-mm-Swarovski-Perlen auffädeln, dabei durch jeweils eine gelbe Swarovski-Perle führen. Fadenenden vernähen.

Anleitung Ring und Armband auf Seite 12–13.

Material

- *Grundmaterial (s. Seite 4)*
- *32 kleine Strasssteine in Kristall*
- *6 große Strasssteine in Mondstein*
- *162 Kristallschliffperlen, 4 mm, in Lichtgelb*
- *82 Kristallschliffperlen, 6 mm, in Fuchsia*
- *53 Kristallschliffperlen, 4 mm, in Fuchsia*
- *22 Kristallschliffperlen, 4 mm, in Silber*
- *2 runde Kristallschliffperlen, 8 mm, in Mondstein*
- *8 Glasschliffperlen, 4 mm, in Gelb*

Ring

❶

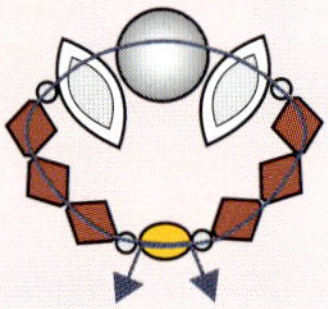

❷

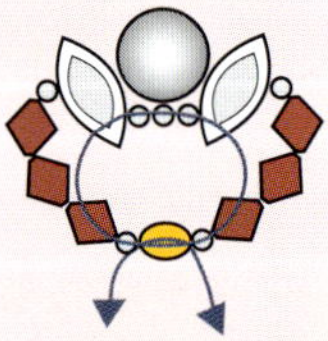

Den rechten Faden aus Abb. 1 durch die Rocailles und die unteren Löcher des Strass-Steins führen. 3 Rocailles auffädeln, durch den linken Strass-Stein, die einzelne Rocaille und die Glasschliffperle führen.

❸

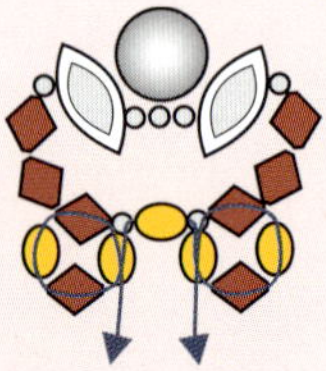

❹

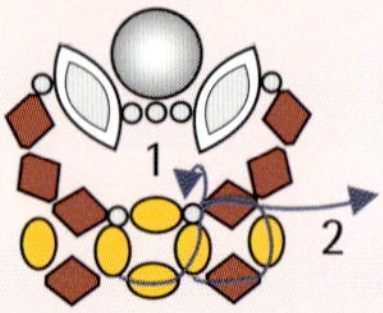

Auf den linken Faden 1 Glasschliffperle fädeln, durch die gelbe und rote Perle führen. Den rechten Faden nochmals durch die Perlen führen, in der oberen Swarovski-Perle mit dem linken Faden kreuzen.

❺

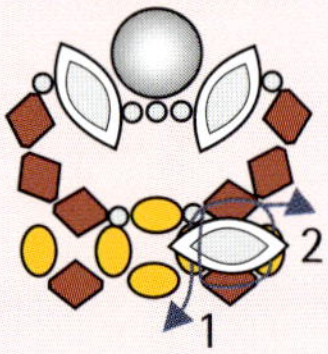

Faden 1 durch die innen liegenden Löcher des Strass-Steins und durch die unter dem Stein liegenden Perlen führen. Faden 2 durch die außen liegenden Löcher des Steins, die Swarovski-Perle und die gelbe Glasschliffperle fädeln.

❻

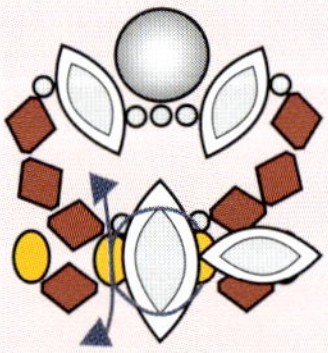

Beide Fäden durch den großen Strass-Stein führen, in der gelben Glasschliffperle kreuzen. Nicht durch die Rocailles führen!

❼

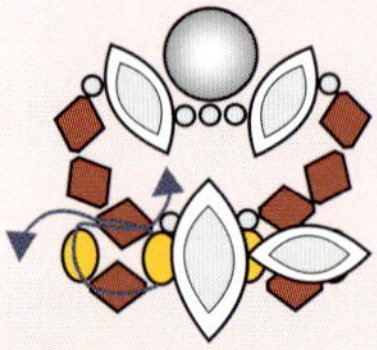

Beide Fäden durch einen weiteren Strass-Stein führen und durch die untere Swarovski-Perle kreuzen.

8

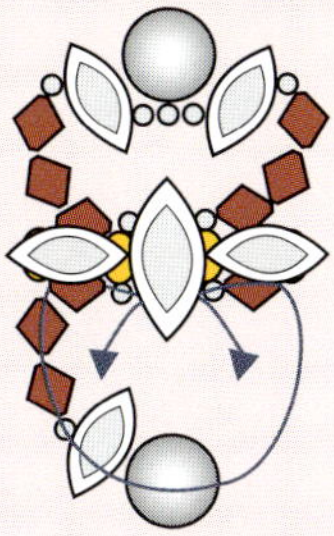

Vorgang gegengleich wiederholen, durch die rechte untere Swarovski-Perle führen, durch die gelbe Glasschliffperle kreuzen.

9

Mit dem rechten Faden durch die Rocailles, den Strass-Stein gehen und 3 Rocailles auffädeln. Mit dem gleichen Faden den Vorgang gegengleich fortsetzen und durch die gelbe Unterbauperle kreuzen.

10

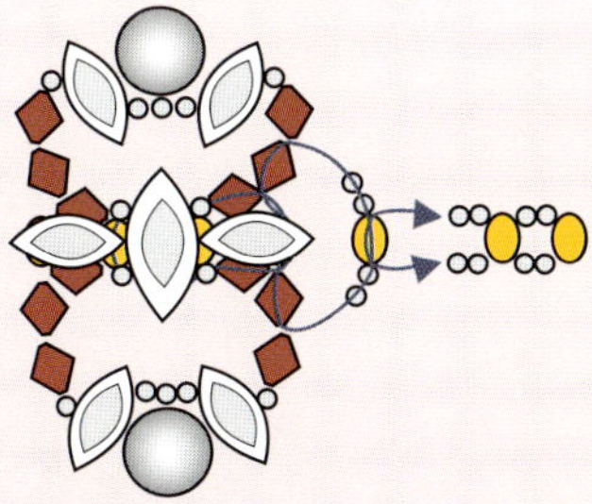

Beide Fäden durch die gelben Unterbauperlen zur rechten Seite führen, dabei durch die rechte unter dem Strass-Stein liegende Glasschliffperle kreuzen und nach Abbildung die Ringschiene fädeln.

Armband

1

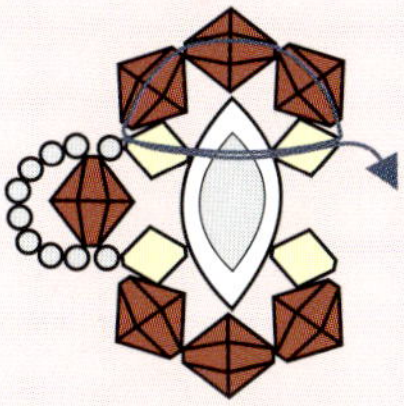

Mittelelement (2–3)

2

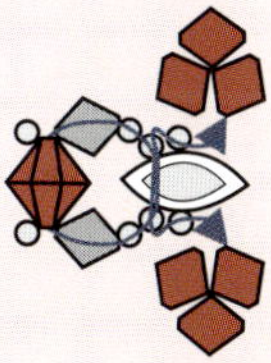

3

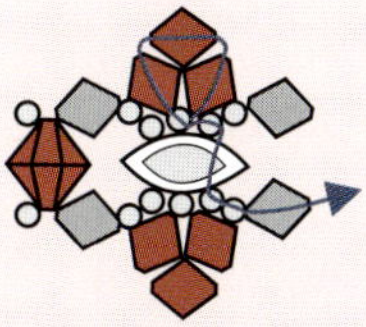

Vorgang beidseitig arbeiten.
Abb. 1–3 so oft wiederholen, bis 5 große Strasstein-Elemente entstanden sind, dann mit 8 Rocailles abschließen.

Set in Gelbgrün

Collier

1

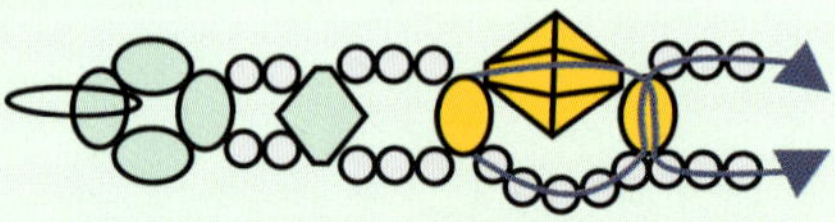

2

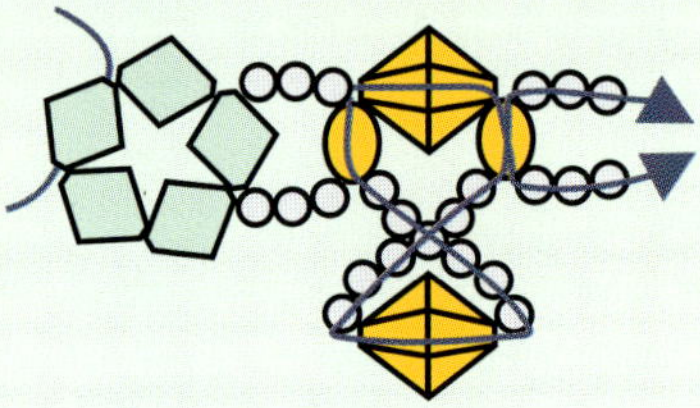

Schritte 1 und 2 8x wiederholen.

3

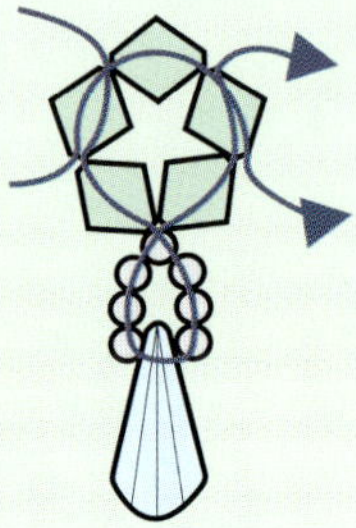

Ab hier die Kette gegengleich fertig stellen.

Tipp: *Dieses attraktive Ensemble wirkt auch toll in anderen Farbkombinationen. Probieren Sie es einfach aus, der Fantasie sind dabei keine Grenzen gesetzt!*

Anleitung Ring und Armband auf Seite 16–17.

Material

- *Grundmaterial (s. Seite 4)*
- *1 Swarovski-Tropfen in Mondstein*
- *6 Swarovski-Kristall-Perlen, 8 mm*
- *12 Swarovski-Oliven in Mondstein*
- *161 Swarovski-Kristallschliffperlen, 4 mm, in Hellgrün*
- *66 Swarovski-Kristallschliffperlen, 6 mm, in Hellgelb*
- *36 Glasschliffperlen, 4 mm, in Hellgelb*
- *8 Glasschliffperlen, in Hellgrün*
- *Rocailles in Silber*

Ring

1

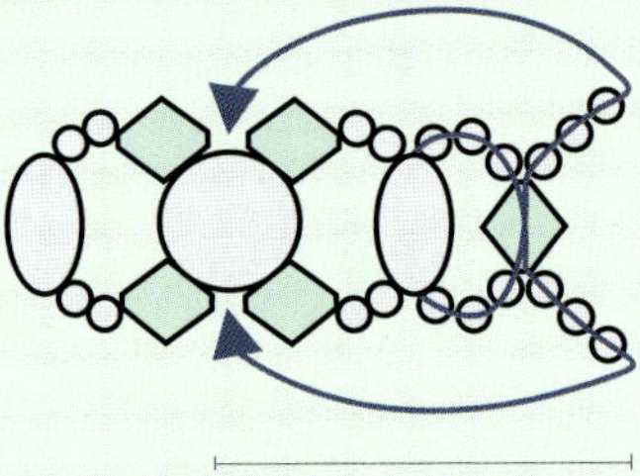

Vorgang gegengleich wiederholen und durch die 1. Olive kreuzen.

2

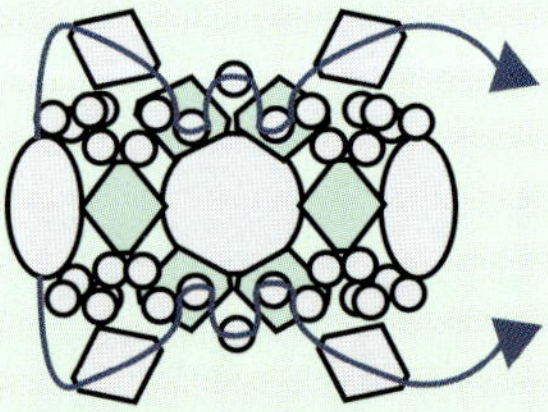

3

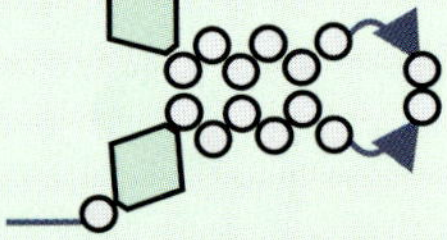

Zur Herstellung der Ringschiene die Kreuzungen mindestens 14x wiederholen.

Armband

1

Den bezeichneten Abschnitt 4x wiederholen, dann mit 7 Rocailles und dem Verschluss enden.

2

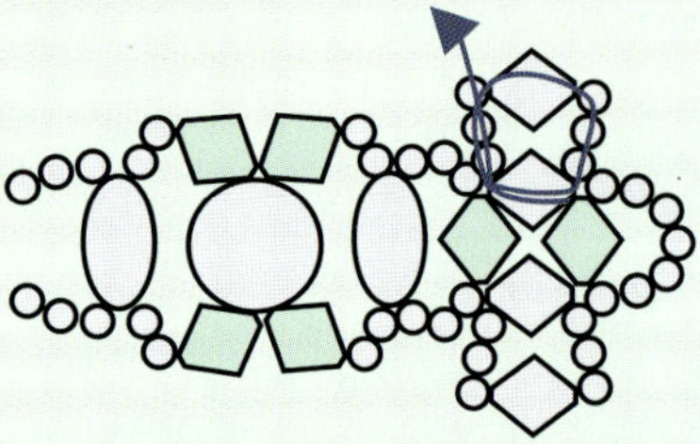

Fäden zurückführen und durch die 1. Swarovski-Perle kreuzen, anschließend beidseitig immer die gleichen Schritte ausführen.

3

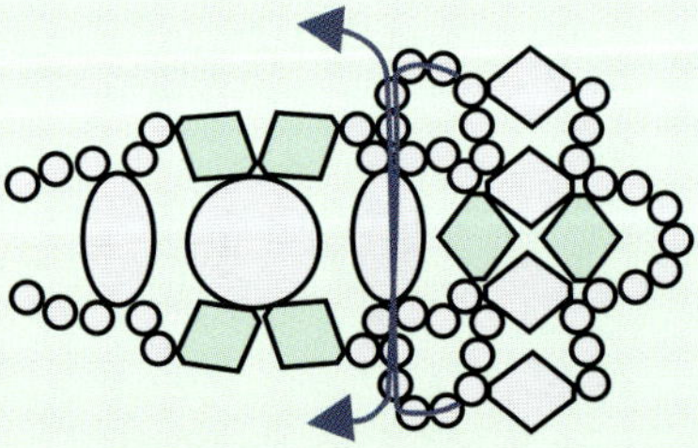

4

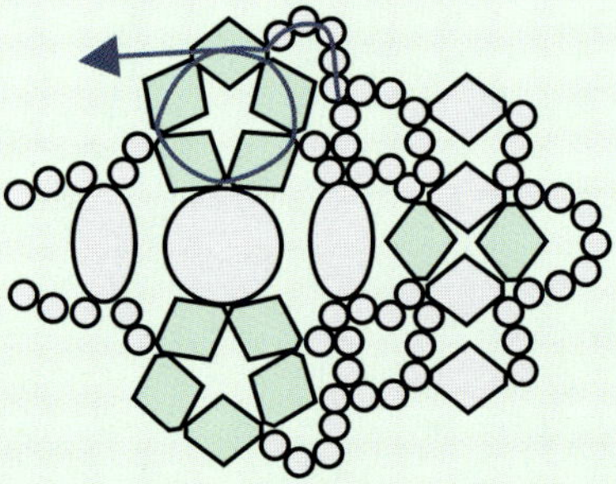

5

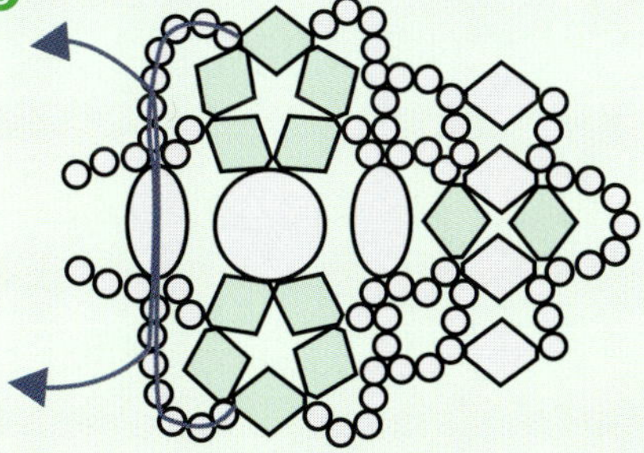

6

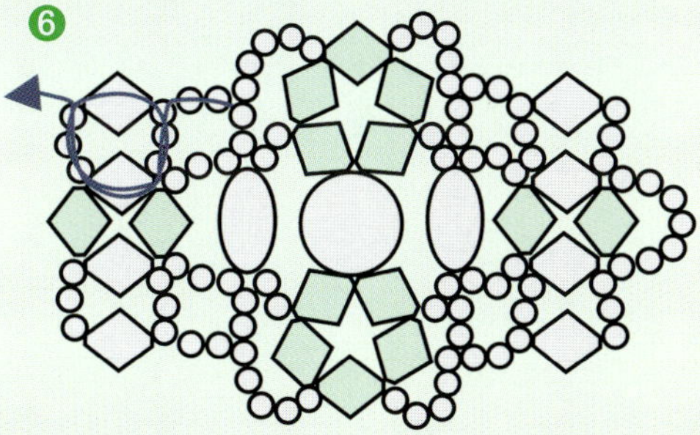

Alle Schritte noch 4x wiederholen, dann die Fäden vernähen und verknoten.

Collier in Blau-Kristall

1

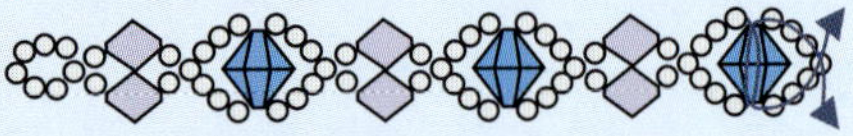

2

3

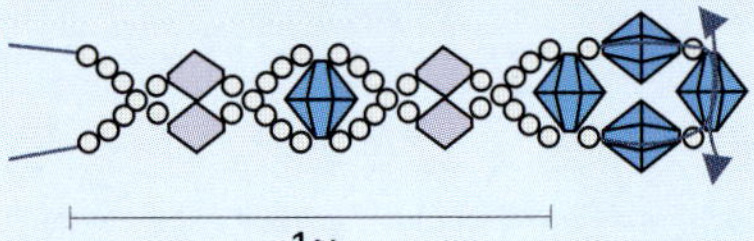

4

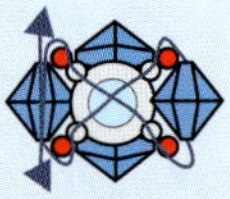

Die Fäden durch die rot gekennzeichneten Rocailles und die 6-mm-Swarovski-Perlen zurückführen und durch die letzte Perle kreuzen. Anschließend Schritte 1x aus Abb. 3 wiederholen.

5

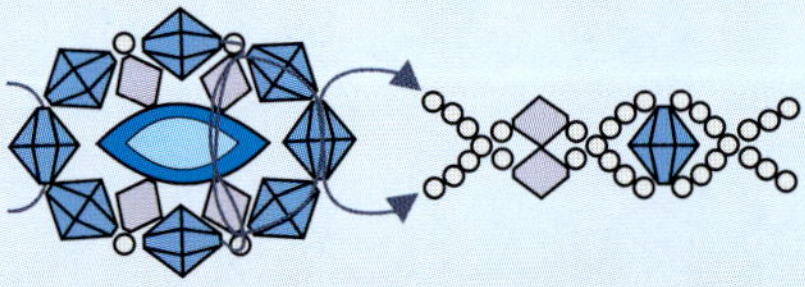

6

Cabochon-Umhüllung herstellen, wie in der Grundanleitung auf Seite 5 beschrieben, dann unter Einbeziehung der 3 Rocailles aus Abb. 5 den oberen Faden durchführen. Mit dem unteren Faden die gleiche Fadenführung vornehmen.

7

Unter Einbeziehung der durchkreuzten 6-mm-Perle des Cabochons das Hauptelement aus Abb. 5 einarbeiten, Rocailles und Tropfen auffädeln. Das Collier gegengleich zu Ende arbeiten. Anschließend den Faden vernähen und verknoten.

Material

- *Grundmaterial (s. Seite 4)*
- *3 aufnähbare Strasssteine in Mondstein*
- *2 runde Strasssteine in Mondstein*
- *1 Cabochon-Stein in Mondstein*
- *Rocailles, 2 mm, in Silber*
- *1 Swarovski-Tropfen in Mondstein*
- *60 Swarovski-Kristallschliffperlen, 6 mm, in Azurblau*
- *73 Swarovski-Kristallschliffperlen, 4 mm, in Violett*

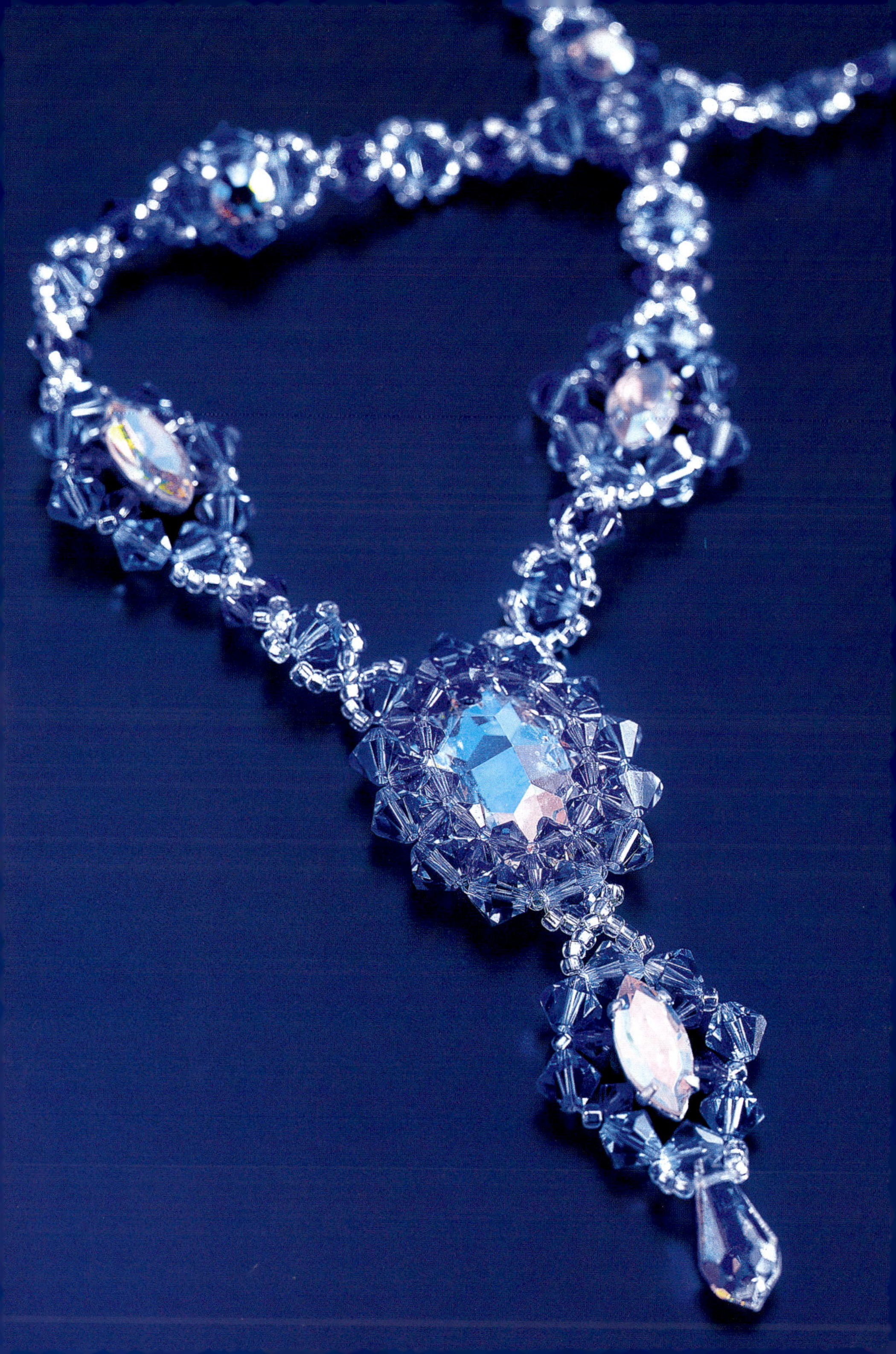

Collier in Pink-Violett

Mittelteil (1–3)

1

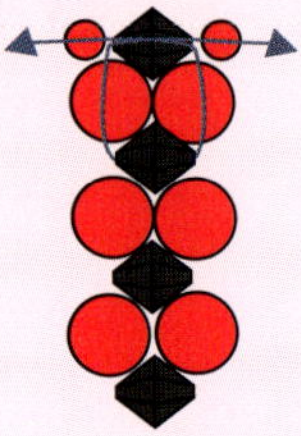

2

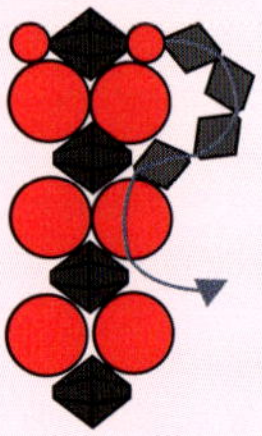

3

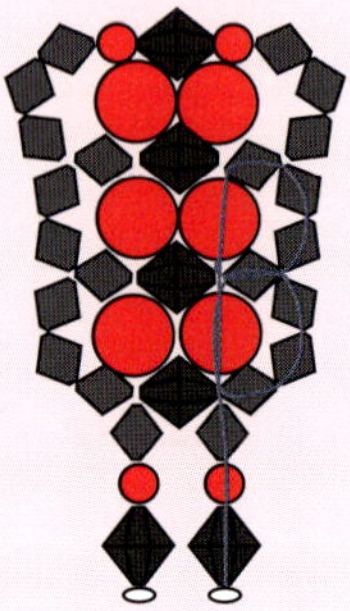

Beide Seiten gleich arbeiten.

Seitenteil

4

4x herstellen

5

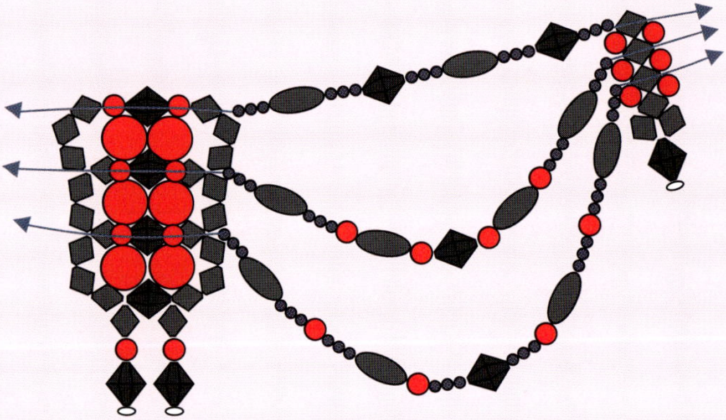

Beim 2. und 3. Faden je 2 4-mm-Perlen dazunehmen und quer durch die Perlen führen.

6

Ab hier auf den 3 Fäden 6x wiederholen.

Ab Mittelteil gegengleich wiederholen.

Material

- Grundmaterial (s. Seite 4)
- 46 Swarovski-Kristallschliffperlen, 4 mm, in Ebenholz
- 26 Swarovski-Kristallschliffperlen, 6 mm, in Ebenholz
- 40 Glaswachsperlen, 4 mm, in Bordeaux
- 6 Glaswachsperlen, 6 mm, in Bordeaux
- 76 Glasschliffperlen Olive, in Onyx
- Rocailles, opak gelüstert, in Schwarz
- Ornamentschließe

Collier in Blau-Gold

Collier

1
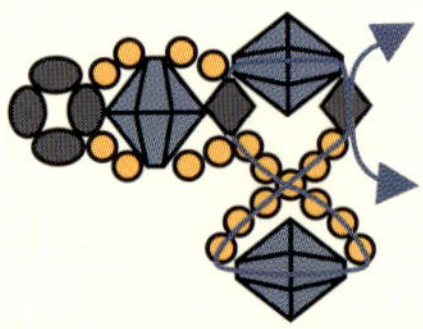

2
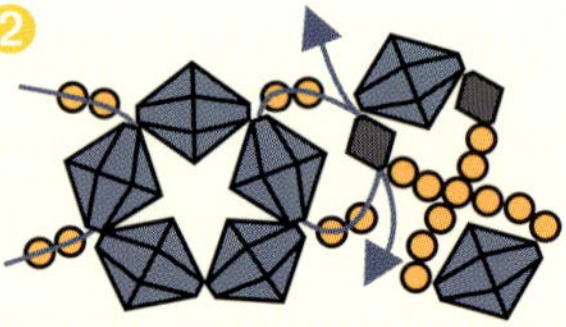

3x wiederholen

3
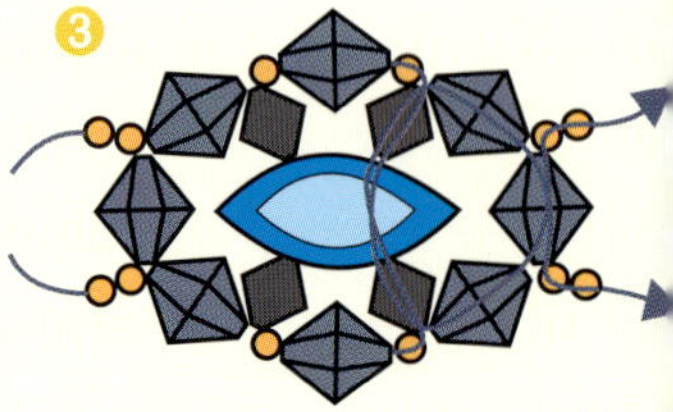

4
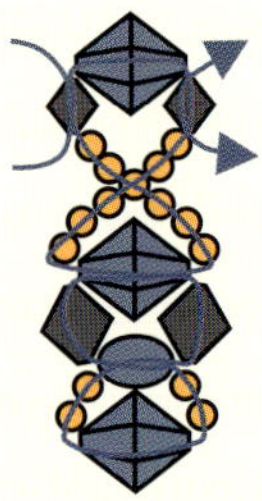

Nun alle Schritte aus Abb. 3 wiederholen.

5
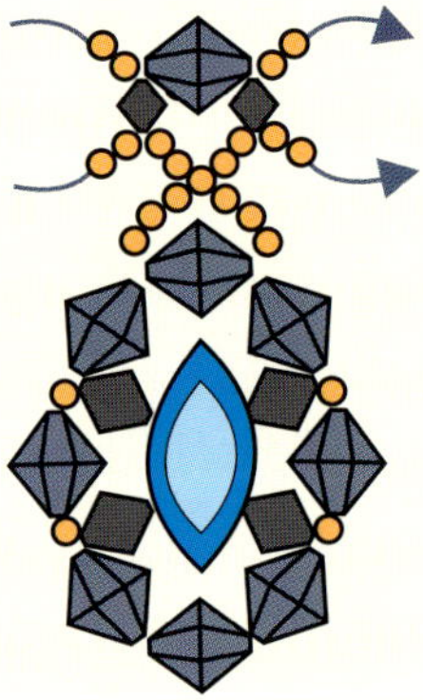

Danach alle Schritte aus Abb. 3 wiederholen.

6

Collier-Mitte: Ab hier gegengleich zu Ende arbeiten.

Material

- *Grundmaterial (s. Seite 4)*
- *10 Strasssteine zum Aufnähen in Aquamarin*
- *148 Swarovski-Kristallschliffperlen, 6 mm, in Blaugrau Star*
- *38 Swarovski-Kristallschliffperlen, 3 mm, in Ebenholz*
- *1 Swarovski-Tropfenanhänger in Ebenholz*
- *48 Swarovski-Kristallschliffperlen, 4 mm, in Schwarz*
- *2 Glasschliffperlen in Türkis*
- *4 Kristallschliffperlen, 8 mm, in Kristall*
- *18 Glasschliffperlen, 3 mm, in Schwarz*

Ohrringe

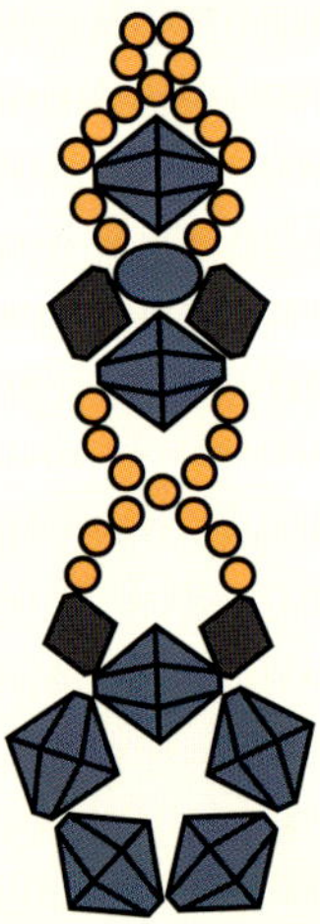

Ring

1

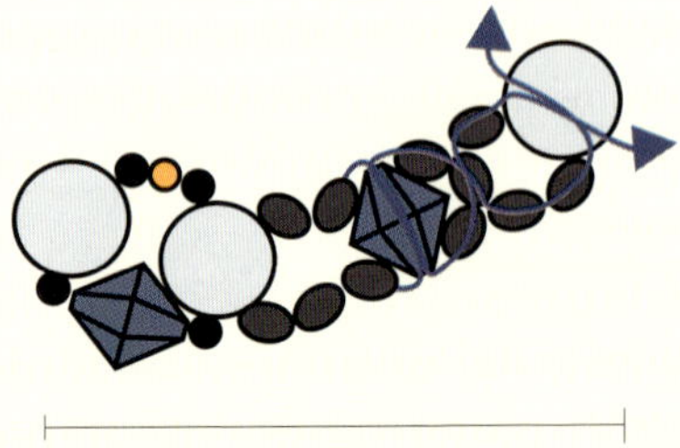

Schritte ohne die 1. Rundperle wiederholen, dann die Fäden durch die erste Perle kreuzen.

2

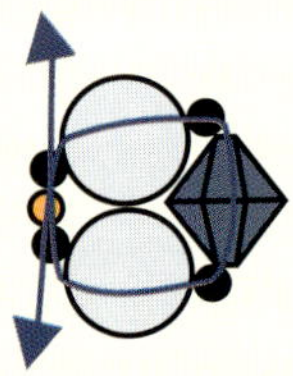

3

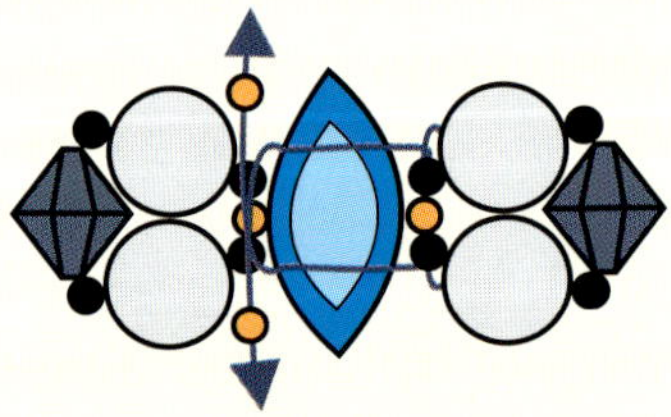

4

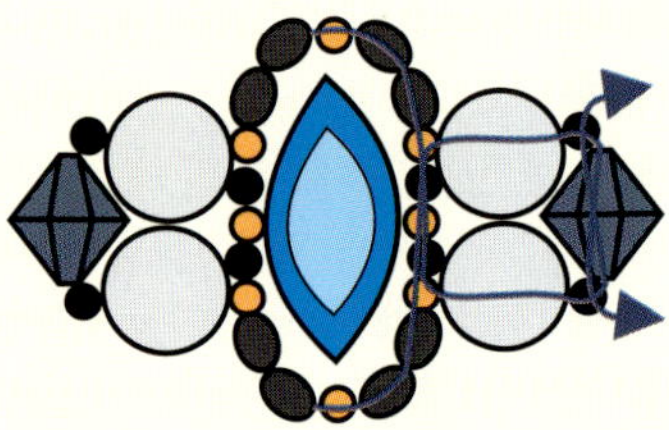

Durch die in Abb. 1 aufgefädelten 2 3-mm-Glasschliffperlen gehen, 1 Rocailles auffädeln. Beidseitig am Ende durch die 3 Rocailles kreuzen.

Set in Rot-Kristall

Collier

❶

❷

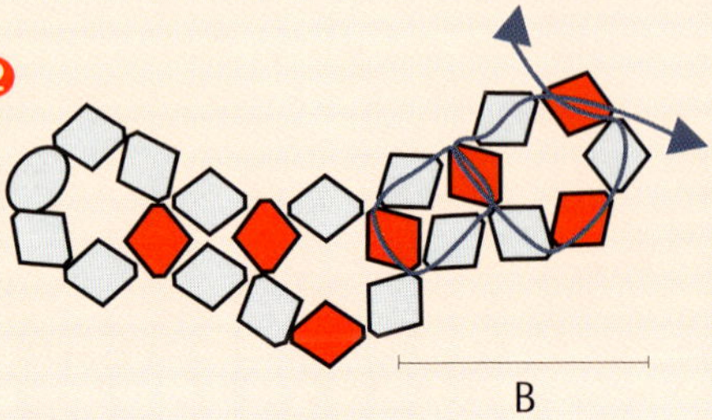

Abschnitt B noch 2x wiederholen.

❸

Schritte noch 1x wiederholen, anschließend den gesamten Arbeitsgang 1x wiederholen, dabei die letzte Kreuzung weglassen.

❹

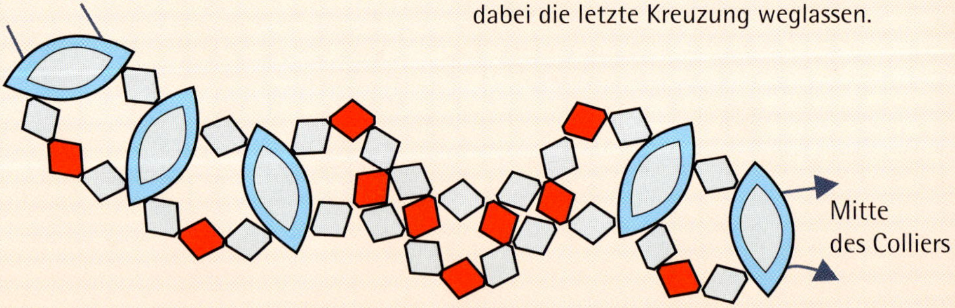

Mitte des Colliers: Ab hier gegengleich zu Ende arbeiten.

Material

- *Grundmaterial (s. Seite 4)*
- *13 aufnähbare Strasssteine in Mondstein*
- *188 Swarovski-Kristallschliffperlen, 4 mm, in Klassikrot*
- *209 Swarovski-Kristallschliffperlen, 4 mm, in Mondstein*
- *4 Glasschliffperlen in Rot*
- *Rocailles, 2 mm, in Silber*

Ring

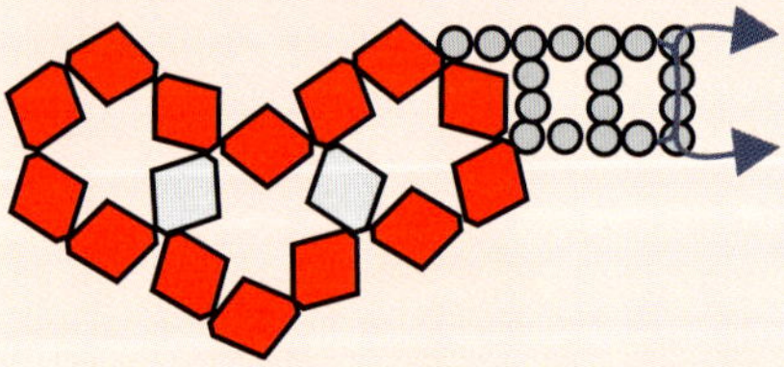

Je nach Ringgröße die Stege der Ringschiene weiterarbeiten, dann die Fäden vernähen und verknoten.

Armband

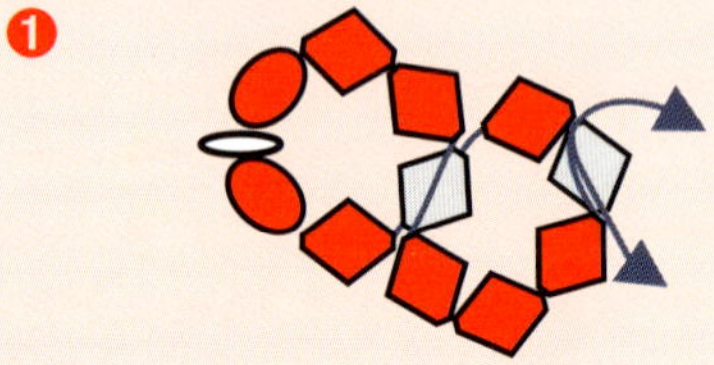

4x wiederholen, zum Abschluss nochmals Abb. 1 arbeiten.

Set in Türkis

Ring

❶

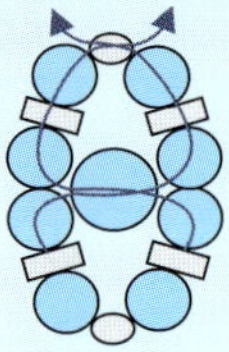

❷

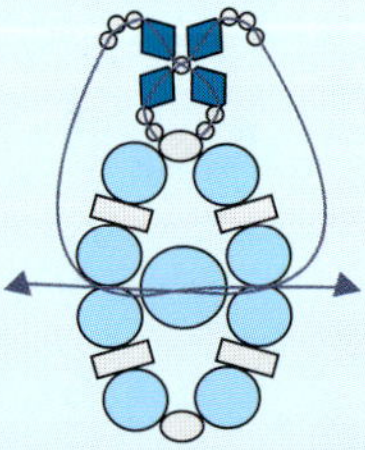

Vorgang wiederholen und durch die untere Glasschliffperle kreuzen.

❸

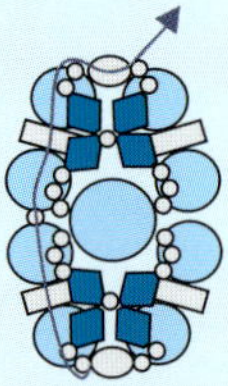

Auf der anderen Seite genauso verfahren und in der Mitte 1 Rocaille einfügen.

❹

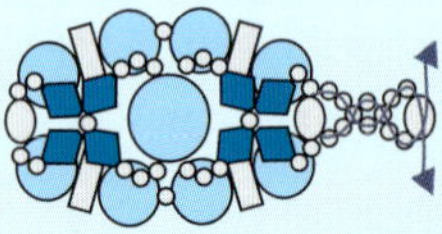

Ringschiene: Vorgang noch 3x wiederholen und beim 3. Mal die 1. Glasschliffperle kreuzen.

Anhänger

An Stelle der Rocailles in der Mitte eine 3-mm-Swarovski-Perle einarbeiten, vernähen und verknoten. Für die Kette einen neuen Faden nehmen.

❺

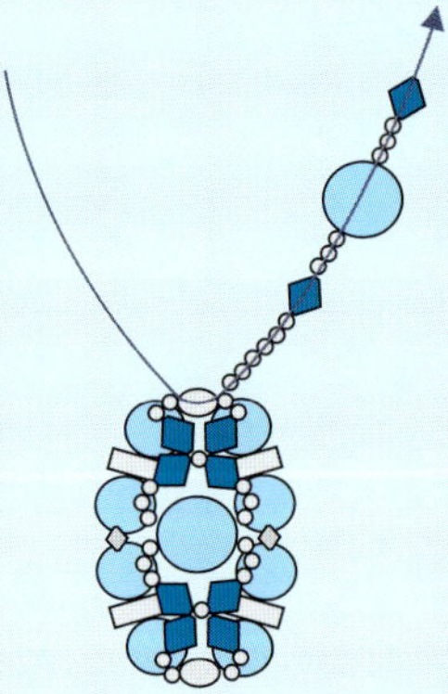

Perlenaufreihung beidseitig nach Belieben weiterführen, bis insgesamt eine Länge von ca. 42 cm erreicht ist.

Armband

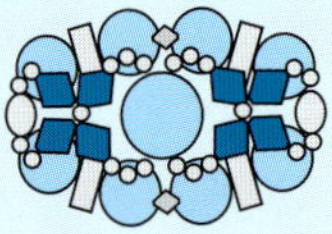

Abb. 1 insgesamt 6x durchführen, den Rückweg nach Abb. 2 arbeiten und wie bei Abb. 5 jeweils 3-mm-Swarovski-Perlen für die Mitte der Einzelelemente einsetzen.

Material

- Grundmaterial (s. Seite 4)
- 60 Swarovski-Kristallschliffperlen, 4 mm, in Türkis
- 11 runde Perlen, 10 mm, in Amazonit
- 20 runde Perlen, 6 mm, in Amazonit
- 28 Strassrondelle in Mondstein
- 16 Glasschliffperlen in Silber
- Rocailles in Silber

Impressum

Entwürfe und Realisation: Pascale und Nathalie Seyler, Petra Pietsch
Redaktion: Ulrike Bogatz
Fotos und Styling: Roland Krieg, Waldkirch
Zeichnungen: Ulrike Hoffmann
Umschlaggestaltung: Stefan Hagen
Entwurf und Illustration „Klipp-Klapper": Stefan Hagen
Layout und Produktion: buchkonzept@web.de
Druck und Verarbeitung: J. P. Himmer, Augsburg

ISBN 3-89858-760-6

Autorinnen und Verlag haben alle Angaben und Anleitungen mit größtmöglicher Sorgfalt zusammengestellt. Dennoch kann bei Fehlern keinerlei Haftung für direkte oder indirekte Folgen übernommen werden.